REINO
DA
ESTUPIDEZ,
POEMA.

NOVA EDIÇÃO.

LISBOA,
NA IMP. DE J. NUNES E FILHO.
1833.

PROLOGO.

Vai oh Poema, não digo discorrer, pelo Universo, porque sei que estás escripto em Portuguez, mas ao menos corre as mãos de todos esses que compõem a Universidade. Eu te vaticino desde já huma desgraçada sorte: serás praguejado, e por muitos reduzido a cinzas, que irão até lançar-te no Mondego, como cousa contagiosa. Não esmoreças, que entre esses alguns haverá, ainda que poucos, que folguem de ver a verdade com os seus proprios vestidos: não receies penetrar os mesmos claustros; ahi he que te prognostico os maiores desprezos: soffre com paciencia, que o teu fim he só de fazer ver a verdade: affirma pois a esses homens, que o teu Autor venera os seus santos Instituidores; que só desejára, que aquelles que se prezão de ser seus filhos, fossem vivas copias suas, porque então não chegarião a muitas duzias em Portugal. Dize-lhes que o que mais o affli-ge, he ver, que os que por voto devem ser pobres, humildes e castos, são os mais regalados, soberbos, e libidinosos, a quem custa muito cumprir os votos que fazem. Pergunta-lhes, como será possivel ver de sangue frio a hum Monge, a hum pobre de Jesus Christo, robusto, gordo, e capaz de vender saude, ás costas de dois pobres homens pela Couraça dos Apostolos acima até ao Pateo das Artes! Dize-lhes, que bem sabes, que este he o Mestre de Hebraico, o Snr. D. João de Tal.

Irás ter ás mãos de muitos, que te censurem de pouco verdadeiro, porque hoje a Universidade está em seu auge, e esplendor: dir-te-hão, que para dizer tanto, he preciso, ou não ter noticia da Reforma, ou ser maldizente por officio: a estes taes pede a resolução do seguinte Problema. Achava-se hum homem nas trevas sepultado no mais profundo somno, rodeavão-no por todos os lados mil perigos, e despenhadeiros; compadecido outro do miseravel estado em que se achava aquelle desgraçado, foi despertá-lo para o pôr fóra dos perigos que o cercavão; tinha já o bemfeitor dado alguns passos, mas de repente lhe falta a vista, e fica o infeliz ainda nas trevas, acordado sem guia caminhando de precipicio em precipicio. Pergunta-lhes pois, quando era mais desgraçado este homem, se no tempo em que estava engolfado no seu lethargo, se quando se via acordado, só, e nas trévas? Não te cances em fazer-lhes a applicação, que he manifesta: dize sómente, que o fructo, que daqui levão os Legistas, he a pedantaria, a vaidade, e a indisposição de jámais saberem; enfarinhados unicamente em quatro petas de Direito Romano, não sabem nem o Direito Patrio, nem o Publico, nem o das Gentes, nem Politica, nem Commercio, finalmente, nada util. Que os Canonistas sahem daqui com o cerebro entumecido com tanto Direito de Graciano, sem critica, sem methodo, engolindo, com alguns verdadeiros, immensos Canones apocryphos, dando ao Papa a torto, e a direito poderes, que lhe não competem por titulo nenhum, e esbulhando os Reis dos que por Direito da Monarchia lhes são devidos. Com estes não te abras mais, e accrescenta só, que he melhor morar em huma casa vazia, do que em huma cheia de trastes velhos e desconcertados, onde reina a desordem, a confusão e a immundicia. Deves porém confessar, que a Reforma trouxe á Universidade as Sciencias naturaes, que na verdade tiverão, e tem ainda alguns Mestres dignos de tal nome, mas que estes ficão tão submergidos pela materialidade dos Companheiros, que fazem a maior porção, que para os distinguir he preciso ter vista bem perspicaz: tanto reina ainda aqui mesmo a Estupidez! Adverte em fim, que não reparem em não fazeres menção dos Senhores Theologos, devendo ser os primeiros, porque *ex fructibus eorum cognoscetis eos*; S. Ma theus Cap. I.; e invertendo: *ex illis co gnoscetis fructus eorum.* O Ceo te leve mãos, que te não dêm logo tyranno ga rote, antes de seres lido por algum qu te propague. *Si Musa vetat, facit indigna tio versus.*

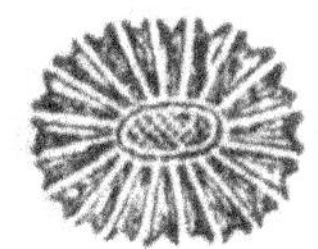

REINO
DA
ESTUPIDEZ,
POEMA.

CANTO I.

NÃo canto aquelle Heróe pio, e valente
Que depois de ter visto a cara Patria
A cinzas reduzida, e campo vasto,
Mil p'rigos contrastando hum clima busca,
Aonde com os seus ditoso seja.
A molle Estupidez cantar pertendo,
Que distante da Europa desterrada
Na Lusitania vem fundar seu Reino.
Dicta-me, oh Musa, que eu não posso tanto,
Os nobres feitos, e diversos casos,
Que a esta grande empreza acompanhárão.
Hum feio monstro de cruel figura,
Desgrenhados cabellos, olhos vesgos,

Disforme ventre, circular semblante
Da lugubre caverna onde jazia,
Bocejando sahio, e longo tempo
Nas vizinhas montanhas reparando,
Estas vozes soltou de magoa cheias:
« He possivel, que sendo venerada
» Em outro tempo pela Europa toda,
» Hoje aqui viva, sem dominio, ou mando,
» Nestas brenhas incultas desterrada?
» He possivel, qu'a Deosa, que usurpára
» De Sabia o nome, e ser de Jove filha,
» Dos meus vastos dominios m'expellisse,
» E haja sobre o meu, posto o seu throno!
» Eu quero esta inacção deixar hum dia.
» Não ha de ser assim; essa tyranna
» Ha de ver huma vez, o quanto posso.»
A fria Estupidez accesa em ira,
Tanto já mais se vio; ao Reino escuro,
Aonde mora a macilenta Inveja,
Co' a furiosa, e vingadora Raiva,
Quanto lhe soffre a natural inercia,
Ligeiramente marcha. « Oh fortes Deosas,
» Soluçando lhes diz, se tantas vezes
» Em taes emprezas já me soccorrestes,

» Não podereis deixar tambem agora
» De dar-me a mão em tão afflicto caso.
» A soberba Minerva injustamente
» Depois de meus dominios ter roubado,
» Dominios que na Europa tanto prézo,
» Por cumulo de mal, em feias selvas
» De ninguem habitadas, me desterra. »
O fero coração das negras furias,
Por ser causa commum, enternecêrão
Da molle Estupidez as brandas queixas:
« Deixai, amiga Irman, sómente dizem;
» Vinde tambem comnosco, e vingaremos
» Essa injustiça, que te faz Minerva. »
Em si não se fiando, tambem chamão
O duro Fanatismo, a Hypocrisia;
E tu Superstição, que tanto podes
Nas credulas Nações, não os deixaste.
Em forte batalhão todas armadas
Os Elementos turbão: negra nuvem
De mil coriscos prenhe se encaminha
A' parte, donde sopra o frio Noto.
A raivosa coborte alli se encobre,
Subtis estratagemas alli traça,
Já França se lhes mostra, e destramente

Tomando cada qual sua figura
Para o combate espreitão util meio.
Então o Fanatismo, que tomára
Hum ar sizudo, e marcha compassada,
Vendo reinar sómente a Humanidade,
De tristeza, e rancor se despedaça;
Suas maximas duras assoalha,
Já entre o Povo, ou entre a sabia gente.
Em vão he trabalhar [com riso, e mofa
A porção mais sizuda lhe responde]
Mas o povo huma vez entre apupadas
Pelas ruas o corre duramente,
Qual o cão, que damnado se presume.
Da vil Superstição, da Hypocrisia
Mais effeito os trabalhos não produzem;
Reinão a seu pezar a singeleza,
Nos costumes, candura, e san verdade.
Minerva, que o ardil não desconhece,
Nos animos infunde novas luzes;
Luzes, que dissipando a fusca nevoa
Com que a recta razão manchada fica,
Com proprias côres a verdade pinta.
Da Gallica nação ligeira, e douta,
Mil pragas vomitando, fogem todas.

Iradas inda mais ligeiras buscão
A Britanica gente: ataques novos
Em concelho alli põem, ferve de novo
Nos bravos corações rancor funesto;
Fulminão tudo, a toda parte correm.
Mas qu'importa, se a ti profundo Povo,
Brilhantes apparencias nunca illudem;
Se por entre a verdade, e falso buscas
Manifesta divisa, e só descansas,
Quando das cousas tens a san medulla!
Desesperão d'alli as Furias logo;
Voão, não fogem, desta gente clara,
A que intratavel, e ferina chamão.
Vão discorrendo pelo frio Norte,
Aqui, alli, novos combates dando.
A Deosa tutelar vendo com susto,
Que alguns dos seus a vacillar começão,
Que se deixão levar dos vis enganos,
Convoca em continente um gran congresso
Daquelles que sustentão fortemente
O seu brilhante, e magestoso throno.
« Alumnos meus, mas não, não disse tudo,
» [A fallar principia desta sorte]
» Amados filhos, que da infancia tenho

» A meus peitos nutrido, e com ue
» A vós, a vossos pais tenho livrado
» Da vil escravidão, em que os tivera
» A frouxa Estupidez já n'outro tempo,
» Sabereis qu'este monstro bafejado
» De muitas Furias, que tornar lhe jurão
» Seus antigos dominios, disfarçado
» Armando laços, entre vós passeia;
» Ao vosso lado noite e dia vélo,
» Mas de modo tem sido os seus encontros,
» Que entre vós sinto alguns já titubantes;
» Que magoa a minha, que pezar não fôra,
» Se em triste captiveiro inda vos visse,
» Comigo ingratos, para vós tyrannos!
» Ao Leão rugidor, qu'em torno gyra,
» Constantes resisti. As almas fortes
» Com fantasticas fórmas não sossobrão.
» Qual destro Capitão, que descortina
» Ardilosas ciladas do Inimigo,
» Na vossa frente peleijándo marcho:
» Victoria conseguio já delle a França,
» Outro tanto tem feito a gente Ingleza.»
Com estas vozes tal esforço inspira
Nos vacillantes peitos, que ligados

Hum corpo fazem, como nunca, firme,
De novo as Furias seus ardis empenhão,
Multiplicão combates, dobrão forças;
Mas a sabia cohorte a peito aberto
Sem p'rigo alcança a vencedora palma.
Qual annoso carvalho, cujos ramos
Tanto procurão as cinzentas nuvens,
Quanto as raizes vão minando a terra,
Despreza immovel a sobeja furia
Dos ventos zunidores, que o combatem:
Vendo sem fructo o seu trabalho as Furias,
A certo aceno se congregão todas
Em occulto lugar, onde só morão
As negras sombras da tristonha noite:
A Raiva então, de cujos vesgos olhos
Scintilla o odio, e a cruel vingança,
Assim ás outras falla em tom irado:
«Será possivel, qu'hum poder tão forte,
» Qual he o vosso, e qual o meu conheço,
» Em nada pare! Que nenhum effeito
» Haja destas fadigas resultado!»
Ao lado chora, sem dizer palavra,
Afflicta a Estupidez, e largo espaço
Aguda magoa põe na lingua freio.

Senão quando, depois de feita a venia,
D'este modo começa o Fanatismo:
« A vosso, e meu pezar já tendes visto
» Que suamos em vão; Minerva impeta
» Nos duros peitos desta gente infame:
» Deixemos pois estes gelados climas,
» Bem digna habitação de taes cabeças:
» Daqui fujamos já para o meio dia,
» Paiz de toda a Europa o mais ditoso;
» Aqui mais resistencia não teremos:
» O Povo habitador d'este terreno
» A pezar dos passados contratempos
» A meu mando viveo sempre sujeito.
» Não chores, cara Irmã; o teu Imperio,
» Segundo creio, lá verás fundado.
» Fugir, fugir, desta inimiga terra.»
Todas a huma voz promptas concordão;
Da fria região logo desertão,
E sobre as azas dos ligeiros ventos
As amenas Hespanhas vão buscando.

CANTO II.

Era alta noite, e o enregelado Inverno
Já começava a sacodir as azas,
Que ao sereno gottejão frio orvalho;
Dormia tudo, e só nas ermas ruas
Errantes cães ladrando se encontravão:
Foi então que a Lisboa, rica e vasta,
Em segredo baixou o bando infame.
Se á soberba Madrid primeiro irião,
Hesitárão, em quanto o Fanatismo
Não decidira, que no Luso Reino,
Como mais certo começar devião.
Por accordo commum assentão todas
Que aos publicos lugares com disfarce
Ir sem demora devem, p'ra que espreitem,
Que diz o Vulgo, que censura o sabio.
Huns, que murmurão no actual governo,
Que louvão outros: desta sorte podem
Cahir melhor, no que fazer se deve.
Dispersas pelas Praças vão notando

As praticas diversas, a que assistem,
Não só ouvindo, mas tambem seu voto,
Como a bem lhes fazia, declarando.
Não deixão sem visita parte alguma;
De fórmas differentes se revestem
Já d'homem, de mulher, de moço, ou velho,
De casquilho, de frade, ou de jarreta,
Segundo julgão, que requer o caso.
Nesta pesquiza muitos dias andão,
Até que chega o desejado instante,
Em que havião proposto, se ajuntassem,
Para em pleno concelho darem conta,
Do que ouvirão dizer, do que fizerão.
Em occulto lugar, que não perturbão,
Nem o tropel dos anafados machos:
Nem das velozes rodas o ruido,
E nem do Povo o barulhado trato,
Lugar, que fica álem do claro Tejo,
As vagas sentinellas se congregão.
Duvidão entre si qual dellas ha de
Dar primeiro razão, do que passára:
Da sua parte cada qual recusa;
Mas nisto a Raiva impaciente falla.
» Não noteis, companheiras, q̃ eu primeiro

» Tome mão da palavra, serei breve.
» Nem deve para nós haver cer'monia.
» Por mil sitios andei, andei de noite,
» Assisti huma vez a hum caso grande:
» Era hum Cadete de figura esbelta
» Que dizião ser filho de tal Conde,
» Vestido muito bem de ponto em branco;
» Huma espada tremenda tinha á cinta,
» Toda de prata sem senão Lavrada:
» Para mais casquilhar como soldado,
» Nem da guerra sabia a menor cousa
» Porêm de namorar, todos os modos
» Manejava melhor que o seu florete,
» Em que muitos progressos tinha feito:
» Na assembléa passava as noites todas,
» E nella com respeito era escutado.
» Assentava comsigo, que nos olhos
» Trazer devia as settas de Cupido,
» Pois para requestar qualquer senhora,
» Não precisava mais, que pôr-lhe a vista.
» Encontra por acaso hum velho grave,
» Com a sua familia passeando;
» A huma filha pelo braço tinha,
» Por bella conhecida, e que trazia,

» Havia tempo. o tal Cadete louco.
» Apenas a conhece, em torno gyra,
» Hum ditto solta, e outro disfarçado:
» Na filha, inquietação o velho nota;
» No mancebo repara, e em seus gracejos;
» Diz-lhe, que o deixe, que não seja tolo;
» Que a não serem os annos, se vingára.
» Do comprido florete tira logo
» O bravo militar enamorado.
» Quer defender-se o vacillante velho;
» A dois passos porém ferido cahe.
» Acode immensa gente, mas fogoso
» Destroça tudo, e impaciente leva
» Entre o tumulto a aturdida moça.
» No fundo do seu peito o velho geme,
» Ao Ministro se queixa magoado;
« Este ao Fidalgo busca, e de bom modo
» Propõe-lhe, quer ao Pai levar a filha.
» Qual sibillante cobra, cuja cauda
» Pisou o incauto, e frouxo caminhante;
» Assim no militar se accende a ira,
» Descompõe o Ministro, e se não foge,
» Não voltaria, como foi, inteiro.
» Pelo successo espera o Pai afflicto;

» Em resposta o Ministro só lhe torna:
» Amigo, São Fidalgos, tenho feito,
» Da minha parte o que fazer podia:
» Para os pequenos só as leis tem força.
» Folguei de ver esta ousadia, e fogo,
» Que nas outras Nações jámais notára.
» Vi de noite roubar, tambem de dia;
» Huma forte quadrilha de marujos
» He quem faz por alli maior fachina:
» Nada medo lhe põe, zombão da ronda,
» Que de vis sapateiros he composta,
» E de outros taes, que dormitando levão,
» Por espadas, espetos ferrugentos.
» Isto vi, companheiras, e mil casos,
» Que não refiro, por não ser extensa.»
Logo a Superstição em pé se põe;
Mas fazendo primeiro mil monices,
O chão prostrada por tres vezes beija,
Outras tantas rosnando certas cousas,
Faz sobre o coração quinhentas cruzes.
Debaixo da camisa tambem tira
Huma grande almofada, que constava
De muitas orações, muitas reliquias,
Já contra mal feitiços, contra a peste,

E muitas contra a tentação da carne.
Beija, e rebeija o venerando Breve,
E com os olhos para o ceo erguidos,
Com o mesmo se benze immensas vezes.
D'este modo disposta, principia
A dar conta fiel do que passára:
» Tão outro Portugal agora vejo,
» Que o mesmo não parece; quem diria
» Que estas pobres mulheres perseguidas
» Do Dagrão Infernal, em pouco tempo
» Havião de encontrar pelos conventos
» Prompto soccorro a seus crueis tormentos!
» Mal haja esse Judeo, esse tyranno,
» O Paulo de Carvalho, homem ferino,
» Que ás tristes prohibio este remedio.
» Já não he, Camaradas, como d'antes.
» Fui aos Frades Capuchos quarta feira:
» Que cousas lá não vi edificantes?
» Na Portaria estavão certamente
» Para cima de cem, ou mais mulheres;
» Humas em convulsões, outras zurrando;
» Cousa má, na verdade, parecião!
» Appareceo depois hum frade idoso,
» Vinha de Estola armado, e pela cara

» Todos dizião que já era hum santo.
» Não erão d'estes frades, que caprichão
» Em trazer os sapatos de camurça
» Muito amarella, e o calcanhar burnido,
» Que o cabello penteião, que arregação
» O escovado burel, quando passeião.
» Este não era assim; de muito estudo
» Via pouco, seus oculos trazia,
» E cuidava nos habitos tão pouco,
» Que no peito trazia de simonte
» Mui boa quarta, se não fosse arratel.
» Apenas se avistou, humas entrárão
» A fazer-se em pedaços, outras davão
» Horrendos urros, como cães famintos.
» He dôr do coração ver tal martyrio!
» Suspenso esteve o frade muito tempo,
» Para todas olhando, e de repente
» Em profundo silencio ficou tudo,
» N'hum livro entrou a ler, primeiro baixo,
» Mas depois, carregando as sobrancelhas,
» C'huma voz de trovão, e irado lia.
» Aqui he que foi pena.... De improviso
» Todas quebrárão o silencio a hum tempo;
» Taes urros, taes bramidos atroárão

» O Claustro todo, que ainda hoje tenho
» De susto o coração como abafado.
» O frade cada vez mais lhes gritava
» Batendo com o pé, que se calassem.
» A muito custo accommodou a bulha,
» Suspiravão sómente enternecidas,
» Como quem de hum combate se livrára,
» O Exorcista já lia em voz mais mansa,
» E benzendo-as tres vezes, só lhes disse,
» Que se fossem na paz de Jesu-Christo.
» Humas a par das outras em fileira,
» Pondo em terra o joelho, a manga beijão,
» E com grande mesura, se despedem.
» Não pára aqui sómente a caridade
» Do bom Religioso: de outro lado
» Afflictas Mães c'os filhos entre os braços
» Ante os pés do Exorcista os apresentão.
» Humas lhe dizem que crueis lombrigas
» As pobres criancinhas martyrizão,
» Outras lhe pintão os horriveis damnos
» Que aquelles innocentes recebião
» De huma sua vizinha, geralmente
» Por bruxa, e feiticeira reputada;
» Promptamente os benzeo, e com brandura

„ Huma pratica breve foi fazendo,
„ Que tivessem fé viva; em fim lhes disse,
„ Que do seu santo Padre se lembrassem.
„ Desta longa fadiga descansava
„ Já no seu aposento o bom fradinho,
„ Quando o Porteiro a toda a pressa o cha-
„ Huns poucos de gallegos carregados [ma.
„ De prezuntos, peruns, e de bom vinho,
„ Pelo Padre Exorcista perguntavão.
„ A sua caridade isto lhe rende,
„ E ser entre os seus Padres respeitado.
„ Lisboa já não he, torno a dizer-vos,
„ A mesma, que ha dez annos se mostrava:
„ He tudo devoção, tudo são terços,
„ Romarias, novenas, via-sacras.
„ Aqui he a nossa terra, aqui veremos
„ A nossa cara Irmã cobrar seu Reino.»
A fina Hypocrisia he quem se segue.
C'os olhos baixos, macilento rosto,
Longos vestidos, de côr parda e negra,
A fazer sua venia se levanta.
Depois, em voz submissa assim começa:
„ A cidade corri, e tive o gosto
„ De ver por quasi todos praticadas

,, As maximas subtis, que lhes prégava.
,, No publico passeio, onde concorre
,, A mais luzida gente desta Corte
,, Huma tarde me achei, e perto estavão
,, Quatro sujeitos de figura seria,
,, Em quanto alli se via reparando.
,, Dizia hum delles: Vejão bem amigos
,, Os oucos cascos d'estes dois mancebos;
,, Em lugar de topétes concertados,
,, Medonhas conchas de revelhos cágados,
,, Da injuria do tempo lhes defendem
,, As vaidosas cabeças: os vestidos,
,, Se não tem as feições já nos sovacos,
,, São vestidos de ginja, e de jarreta.
,, No embigo o espadim atravessado;
,, Por calções, hollandezas calças trazem.
,, Gemem os pobres pés dentro das tallas
,, Dos lustrosos çapatos, carregados
,, Do peso enorme das luzentes placas:
,, Casquilhar á Malteza a isto chamão
,, Muitos dias não ha, que a moda chefe
,, Era o contrario do que vemos hoje.
,, O ter de Portuguez o nome indigno,
,, He a pena maior, que me atormenta,

» Nomear Portuguez a qualquer homem,
» He fazer-lhe a maior descompostura,
» Que póde proferir a aguda lingua
» D'huma vil regateira enfurecida.
» He chamar-lhe sem duvida macaco,
» Sómente imitador dos vãos caprichos
» Das estranhas Nações, não das virtudes.
» Sem rebuço, é chamar-lhe um ignorante,
» Hum confirmado tolo, que não sabe
» Nem artes, nem sciencias, nẽ commercio.
» Miseravel Nação! que fielmente
» Os thesouros franqueia aos Estrangeiros
» Por chitas, por fivellas, por volantes,
» E por outras immensas ninharias! =
» Nisto estava inflammado o homẽ, quando
» O fio lhe cortou aos seus discursos
» O estrondo, que fazião nas calçadas
» As fumegantes rodas de hum carrinho.
» Quatro asseados, e membrudos moços
» Promptos saltando da vermelha taboa
» Ajudão a descer hum gordo Bispo,
» Que na Côrte se achava com licença.
» Vinha todo de seda, e do pescoço
» Huma cruz lhe pendia cravejada

,, De lucidas saphiras; de brilhantes
,, O magestoso annel cegava os olhos;
,, E pouco menos as fivellas de oiro.
,, O austero censor ficou pasmado
,, A mirar o Prelado passeando.
,, Depois, com vozes de azedume cheias,
,, Para os outros se volta, assim dizendo:
=,, Oh costumes, oh tempos primitivos!
,, Tempos, em que o Pastor só differia
,, Do seu rebanho pelas sans virtudes,
,, Pela vida exemplar, com que o guiava!
,, Quem o santo Evangelho lê attento,
,, Do supremo Pastor quem lê a vida,
,, A presença de hum Bispo *Petimetre*
,, Como póde levar á paciencia?
,, Se o venerando Apostolo das gentes
,, Aqui apparecesse, poderia
,, Por companheiro ter hum homem d'estes?
,, O grande Paulo, que o enrugado rosto
,, Todos os dias de suor banhava,
,, E para não servir jámais de peso
,, A seus caros Irmãos, antes queria
,, Ganhar escasso pão com seu trabalho.
,, Santa Religião, tempos ditosos!
,, Ou tu não és a mesma, ou teus Ministros,

,, De Pastores o nome não merecem. =
,, Nesta prática sempre os quatro amigos
,, Se forão com a noite retirando.
,, Não fiquei do discurso satisfeita.
,, A horas, em que o Bispo já dormia,
,, Medonha e enormissima figura
,, Tomei, e como setta despedida
,, A seu rico aposento fui direita.
,, Estirado em colchões de branda pluma
,, Em profundo silencio repousava:
,, Mil divertidos, e agradaveis sonhos
,, Ao redor do semblante revoavão:
,, Hum a bella assembléa das senhoras,
,, Outros o Whist, o bom caffé pintando.
,, De pressa os fiz fugir, e promptamente
,, Seu lugar occupando, este discurso
,, Em breve lhe intimei com voz horrivel:
=,, He possivel, que durmas descançado,
,, Sem te lembrares do que diz o Povo,
,, Do teu modo de vida, do teu fausto!
,, Não digo que pratiques fielmente
,, As maximas austeras do Evangelho:
,, Para teres de santo o nome honroso,
,, Não precisas de tanta austeridade

» Embora te regales, te divirtas,
» Inda mais, se he possivel, do que d'antes;
» Mas nisto deve haver certa medida.
» Sê embora hum velhaco, hum libertino,
» Hum lobo tragador do teu rebanho;
» Mas devem outras ser as apparencias:
» De outro modo, serás mal reputado,
» E muita duração os teus prazeres
» Não podem ter, se não mudares logo. =
» Do brando leito espavorido salta;
» Na visão acredita, e volta prestes
» Em menos de oito dias ao Bispado:
» Em modesta liteira então passeia;
» Aos pobres manda dar todos os dias
» Seu caldo por jantar, e ás terças feiras
» Dez réis a cada hum sendo aleijado.,,
Dizendo que occultava muitas cousas,
Acabou de fallar a Hypocrisia.
Tão sómente restava o Fanatismo,
Que tinha sobre todos ascendente,
E daquella palestra a Presidencia.
» A vossa exposição [assim começa]
» Com prazer escutei; tudo promette
» Hum exito feliz á nossa empreza.

„ Aquelle furioso, e ardente zelo,
„ Que em Pariz fez correr rios de sangue
„ Na Celebrada noite dos Francezes,
„ Aquelle matador, e fero genio,
„ Que os duros Castelhanos animava
„ A regar d'Indiano sangue hum dia
„ O Mexico, e Perú, entre este Povo
„ Incitar eu podia agora mesmo.
„ Um Inglez, um Gentio, um Mahometano,
„ Se as leis civis o não vedassem tanto,
„ Com a mesma presteza assassinados
„ Aqui serião, como a hum cão se mata;
„ Pois por alma de cão qualquer he tido,
„ Que a Santa fé de Roma não professa.
„ Agora pois só resta qu'assentemos,
„ Se deve ser aqui, ou em Coimbra
„ A nossa cara Irmã enthronisada.
„ Nesta Côrte, annos ha, se tem fundado,
„ Huma cousa chamada Academia:
„ Mas isto, quanto a mim, sem differença
„ He hum corpo sem alma que não póde
„ Produzir acção propria, ou um phantasma
„ Que em bem poucos minutos se dissipa.
„ O meu voto he que vamos demandando

» O mesmo asssento donde foi lançada
» A mansa Estupidez injustamente.
» Cobrar novos esforços he preciso;
» Que por fim a victoria está segura.»
Todas em huma voz nisto concordão.
Entre tanto saltava de contente
A molle Estupidez, com taes risadas,
Que nos montes visinhos retumbavão.

CANTO III.

Do fertil Portugal quasi no centro
A vistosa Coimbra está fundada;
Pelo cume soberbo de alto monte,
E pelas faldas, que o Poente avistão,
Vai-se ao longo estendendo, até que chega
A beber do Mondego as mansas aguas.
Defronte, outra montanha senhoreia
A liquida corrente dividida
De longa Ponte pelos grossos arcos,
Aprazíveis campinas, ferteis valles
Do crystallino Rio retalhados,
Em tórno a cercão, aos habitantes dando
Os mais bellos passeios do Universo.
Da fronteira montanha, que dominão
Dois famosos conventos, se disfruta
A linda perspectiva da Cidade,
Que tem tanto de bella, quanto he dentro
Immunda, irregular, e mal calçada.
A terra he pobre, he falta de commercio

O povo habitador he gente infame,
Avarenta, sem fé, sem probidade,
Inimiga cruel dos Estudantes,
Mas amiga das suas pobres bolças.
Aqui de muito tempo está fundada
A nobre Academia Lusitana.
O monstro, que he dotado de cem olhos,
Que ao longe avista os mais pequenos vul-
Que debaixo do tecto o mais forrado [tos,
Nada se passa sem lhe ser notorio,
O monstro, que por tantas outras boccas,
Quanto sabe, e não sabe, põe patente,
Aqui em altas vozes apregôa,
Que vem a Estupidez em breve tempo
Seus dominios cobrar, e seu Diadema,
Armada de terrivel companhia.
Na minha phantasia accende, ó Musa,
Hum fogo vivo põe na minha lingua,
Expressivas palavras com que pinte
As proezas, que vou dizer agora.
A Academica gente alvoroçada
Não pensa, não conversa n'outra cousa;
Em quasi todos geralmente reina
Excessiva alegria, e nos Conventos,

De que consta a Cidade em grande parte,
Mandão os Guardiães, que os refeitorios,
De mais vinho, e prezunto se reenchão.
Da Universidade o grande Chefe
Hum Claustro universal convoca logo,
Para que em plena junta votem todos,
O que deve fazer-se neste caso.
Em comprido salão, cujas paredes
Ricamente compostas tem em ordem
Dos Lusitanos Reis proprios retratos,
Em soberba Cadeira se apresenta
O Reitor, e por hum e outro lado
Os Lentes, e Doutores assentados,
Segundo o vão capricho o destinára,
A dar o seu par'cer s'apromptão todos.
Tira nisto o barrete o Presidente,
E ao Lente Primaz de Theologia
Acena, que comece; logo feita
Ao Congresso em geral submissa venia,
O seu voto profere nestes termos:
« Muito illustres, e sabios Academicos,
» Por direito Divino, e por Humano,
» Creio, que deve ser restituida
» A' grande Estupidez a dignidade

» Que nesta Academia gozou sempre,
» Bem sabeis quão sagrados os direitos
» Da antiguidade são: por elles somos
» Ao lugar que occupamos, elevados.
» Occulta vos não he a violencia,
» Com que fôra esbulhada d'esta posse.
» Vós testemunhas sois dos sentimentos
» Com que a vimos partir tão desprezada:
» Porém sempre, apezar do seu desterro,
» Constante tributei dentro em meu peito
» Homenagens devidas, á que fôra
» Na minha infancia carinhosa Mestra,
» E na velhice singular Patrona.
» Entrai pois, companheiros, em vós mes-
» Ponderai sem paixão, para q̃ serve [mos,
» As pestanas queimar sobre os Authores,
» A estimavel saude arruinando?
» P'ra levar este tempo em bom socego,
» Divertir, e passar alegremente,
» Acaso precisaes de mais sciencia?
» Se os dias desta breve, e curta vida
» Tivessemos c'os livros perturbado,
» Teriamos acaso mais prebendas,
» Mais dinheiro, mais honra, mais estima?

„ De que podem servir estes estudos
„ Que mais da moda se cultivão hoje?
„ A barbr'a geometria tão gabada,
„ Que mil proposições todas hereticas
„ Aqui faz ensinar publicamente,
„ Sabeis para que presta neste mundo?
„ A Inquizição diga-o, e mais não digo,
„ O' gothicos estudos nunca ouvidos,
„ Nos tempos, em que tanto florecia
„ Hum Ceára, maior do que o seu nome,
„ Hum Pupillo, hum Fr. Paulo de S. Mauro,
„ Que sempre chorarão os Frades Bentos!
„ Historias Naturaes, Phoronomias,
„ Chymicas, Anatomias, e outros nomes,
„ Difficeis de reter, são as Sciencias,
„ Que vierão trazer os Estrangeiros.
„ Ha cousa mais cruel, mais deshumana
„ Mais contraria á razão, que ver os Medicos
„ Hum cadaver humano espatifando,
„ Hum corpo, que habitou o Esp'rito santo?
„ Nunca tal praticastes, ó bom Lopes,
„ Quando pelo Natal em hum carneiro
„ O bofe, o coraçaõ, as tripas todas
„ A teus habeis discipulos mostravas.

» Quem póde sem desprezo ver hum Lente,
» De immensos Estudantes rodeado,
» Pelos campos vagar, alli colhendo
» Uma hervinha, uma flor, um gafanhoto?
» Acolá c'hum fuzil ferindo as pedras?
» Deixemos pois hum dia, ó sábia gente,
» Estes prestigios, que nos tem cegado,
» Ponhamos como d'antes estas cousas
» Em seu antigo ser: como bons filhos
» Recebamos a nossa Protectora;
» O que foi sempre seu, em paz governe.»
Qual sussurrante enxame, que em tumulto,
Segue vereda, que seguio a Mestra,
Assim dos Frades todos, e dos Bécas
Seguio a turba o explanado voto.
Algum d'estes talvez quizesse oppôr-se;
Mas de hum Collega refutar os ditos
Da honra do Collegio he menoscabo.
A porção principal tinha votado,
Faltava a outra, que em desprezo he tida:
Lentes de Capa e Espada são chamados,
Que aos Collegios não tem algum accesso,
Nem recolhem da Igreja os doces fructos.
Pelo mesmo teor votárão muitos;

Com que os seus Refeitorios adubavão.
Em quanto os outros com prazer comião,
E á saude da Deosa grandes cópos
De bom vinho enxugavão; pensativo
O timido Reitor escrupuloso
Passeia as salas todas, té que chega
O Patricio a saber se ainda não ceia
Sua Excellencia, que já erão horas.
Responde-lhe, que não, que estava afflicto,
E os motivos lhe conta consultando-o.
« He bom caso, senhor, vossa Excellencia,
» Do que deve fazer inda duvida!
» Depois de ser d'hum voto tanta gente
» Tão sábia, tão distincta! Pouco importa,
» O que diz meia duzia d'esses homens,
» Que apenas são por Lentes conhecidos.
» Coma vossa Excellencia alguma cousa,
» Durma, que tudo em paz ha-de fazer-se.»
Assim o consolou o bom Mórdomo.
Sua Excellencia mais quieta fica,
Hum pouco come, e no seu brando leito
Vai alivio buscar a seu cuidado,
As Furias, que em Coimbra já se achavão,
Que no Claustro geral tinhão estado,

Do famoso orador pondo na lingua
Palavras, que ao seu caso mais fazião,
Ao sombrio lugar, onde descansa
O languido Morphêo, ligeiras voão.
Nunca allí penetrou a luz da Aurora;
Em perenne repouso dorme tudo.
Sómente os frescos Zéphiros brincando
Com suave sussurro as folhas movem:
Murmura ao longe a crystallina fonte,
Escabrosas pedrinhas volteando.
Sobre viçosa relva recostado,
Entre rubras papoulas, verdes mirtos
Nada pressente o Deos do que se passa.
Então depressa no soturno bosque,
Já quasi dormitando as flores colhem
Que a molle cabeceira lhe formavão;
Dos somniferos ares se retirão,
E de improviso ao bello quarto chegão,
Aonde ainda perplexo o Presidente
Com os olhos no tecto vigiava.
Mal das flores se espalha o grato cheiro,
Boceja, estende os braços, adormece.
O Fanatismo então, tomando a fórma
D'hum pequeno rapaz gordo e risonho,

Junto ao leito volteja em curtos gyros,
E com doces palavras assim falla:
« Não te assustes, ó homem venerando,
» Eu não sou cousa má, que te appareça,
» Tuas altas virtudes me encaminhão
» Desta duvida vã a pôr-te fóra,
» Aos Lentes, Doutores, e Estudantes
» Ordena, que ámanhã de tarde sáião
» A receber em Prestito pomposo
» A nobre Estupidez: faze-lhe as honras,
» Que lhe são por Direito bem devidas. »
Com mais se não cansou o Fanatismo,
Pois sahir com a sua não duvida;
Nem Minerva subtil, e poderosa
Aqui já lhe fazia a menor guerra.
Deixou por huma vez os Portuguezes,
Como gente rebelde e refractaria,
Com a sua ignorancia, e prejuisos
Docemente abraçados. Nisto acorda
O devoto Reitor; e ainda imagina
Que hum Divino clarão no quarto brilha.
Da cama salta, e a toda a pressa manda
Que venha Secretario, e os Escreventes.
Hum comprido edital se lavra logo,

Que as ordens da visão continha todas,
Pelas mesmas palavras com que ouvíra.
O douto Secretario, que em Aveiro
Alçou já vara branca, o *subescripsi* [2]
Põe no fim do paqel, e o Presidente
Por extenso se assigna em letra grande.

[2] O que então era Secretario da Universidade, costumava pôr *subescripsi* em vez de *subscripsi*.

CANTO IV,

Apenas o Edital se põe na porta
Da grande salla, que p'ra os Actos serve,
Entre o corpo, que fórma a Academia
Hum novo reboliço, hum alvoroço
Geralmente se move: não se fiaõ
Na fé dos que referem a noticia:
Desejão com seus olhos ver a nova
Que tão doce alegria lhes motiva.
Deixão os Estudantes nos bilhares
A partida no meio; e perturbados,
Das capas lanção mão, como succede;
Mas o dono da casa, que o barato
Não dá por bem parado, clama, e grita:
« Parceirinhos, pagar; nada me importa
» Que venha a Estupidez, ou q̃ não venha.»
Dão-lhe dois encontrões, por terra o lanção;
E, a qual primeiro, pelas ruas correm.
Outros no Sette he-ponto extasiados,
No Whist, no Marimba, e mais na Banca,

Os dados com as cartas deitão fóra.
Jámais os obrigou a tanto excesso
Nem do lugubre sino o toque infausto,
Que os chama ás Aulas, nem tão pouco a
Com a nojenta vacca ao lume posta, [Ama
Praguejando a tardança, e quem lha causa,
Nem ainda a venal, e immunda Moça,
Que fretada os espera a certas horas.
Tal a cega paixão, o vil apêgo,
Que estes miseros moços tem aos vicios!
Esta gente revolta, e mal criada,
Tão soberba, e ociosa, que, entre tantos,
Apenas se achão, quando muito, doze,
Que o nome de Estudantes bem mereção.
A ler o Edital chegão a montes,
E batendo nas palmas: « Bravo, bravo,
» Oh que férias agora não teremos!
» Viva a Estupidez! » dizem saltando.
Nos Collegios, Conventos, e nas casas,
Os Doutores, os Frades, e Estudantes
Disputão sobre o caso; e mil castellos
A'cêrca do futuro levantando
Melhorar de fortuna todos cuidão,
Nestas gratas idéas se recreião,

Até que o sino a grandes vozes brada,
Que venhão todos, què he chegada a hora
Em que o novo Edital cumprir-se deve.
Promptamente concorrem, e marchando
Ao rude som de ingratos instrumentos
Vão a Deosa esperar além da Ponte.
Inda bem ao convento Franciscano
O Prestito não chega, eis de repente
Huma nuvem brilhante vem ao longe,
De luzentes estrellas esmaltada;
No meio hum throno ricamente feito;
A molle Estupidez sentada nelle.
Entre tanto apparato lá disfarça
A sua horrenda, e natural figura:
He tudo traça das astutas Furias.
Mansos ventos curvados encaminhão
A magestosa pompa: em terra postos
Os soberbos joelhos, com as palmas
Para o Ceo levantadas, se assombravão
De ver baixar com tanta magestade
A Deosa tutellar da sua Athenas.
Brandamente ondeando a nuvem pára
Aonde c'o Reitor os Lentes Chefes
Com o queixo cahido presenceião

Tão grande maravilha nunca vista.
Tem de recato hum sumptuoso Palio,
Com que a Deosa recebem reverentes.
Cousa mais espantosa: de improviso
O caminho, que trouxe a nuvem segue;
A frouxa Divindade por tres vezes
Com alegre semblante a todos lança
Huma benção papal, como a bons filhos.
Os donatos repicão á contenda,
As descaradas moças dos Conventos,
E pelas Freguezias vís garotos!
Ninguem se entende com tamanha bulha.
A's janellas acode, acode ás ruas
De toda a qualidade immenso povo.
Entretanto com passo vagaroso
Duas compridas álas se encaminhão
Ao antigo Mosteiro, que disfrutão
Os Reverendos Cruzios, satisfeitos
De hospedar esta noite a Protectora
Da sua santa casa. A' portaria
Com alegres festins he recebida.
De noite em toda a parte as luminarias
Fazem emulação á luz do dia.

Em função de barriga, e de badaló
Fazem os Frades consistir a Festa.
Mas o Pio Reitor, que obediente
Ao Milagroso sonho ser deseja,
De novo ordena, que se aprompetem todos,
Que na manhã seguinte bem montados
Irião conduzir á Academia
A Regia Estupidez sua senhora.
Assignala tambem os oradores,
Que havião celebrar tão grande feito.
O valido Mórdomo, que algum dia
De mochila exerceo o nobre emprego,
Toma a seu cargo o aprestar as bèstas.
Ainda descansava a rôxa Aurora
Nos braços de Amphitrite, e os vís lacaios
As portas dos Doutores despedação
A fortes golpes de calháos tremendos.
Abrem a seu pezar os frouxos olhos
Estas almas ditosas, engolfadas
Em mil suaves, e felizes sonhos;
Mas não vendo luzir o Sol nas frestas,
Querem o somno agazalhar de novo.
Debalde o querem, que os valentes moços
Cada vez as pancadas mais duplicão.

Tal ha, que a mil Diabos encommenda
Os lacaios, e a quem lhos manda á porta,
Por ver o seu descanso interrompido,
O seu somno de doze boas horas.
Mas em fim, o motivo he forte, e justo,
E para apparecer á Divindade
He preciso o cabello bem composto,
A batina escovada, a volta limpa;
Cousas, em que despendem longo tempo.
Cada qual asseado, o mais que póde,
Vai buscar o Reitor, e em companhia,
De huma rica Berlinda a seis tirada
No pateo de Samsão se ajuntão todos.
Os soberbos Capêllos alli tomão;
Brancos, Verdes, Vermelhos, Amarellos,
Azul ferrete, ou claro; o mesmo as borlas;
Por humildade os Frades só barrete.
Em duas grandes álas repartidos
Os barrigudos, e vermelhos Monges
Acompanhão saudosos esta grata,
E delles sempre amada Padroeira.
Reverentes a mão todos lhe beijão,
E a todos vai lançando a santa benção.
Chega em fim ao Prior, elle prostrado,

« Oh Deosa [assim lhe diz] ampara, e zéla
» A estes filhos, que te adorão tanto.
» Por ti, d'este socego he que gozamos
» Esta forte saude, esta alegria
» Disfrutamos por tua alta bondade.
» Seria para nós ditosa sorte,
» Se fizesses aqui tua morada;
» Mas já que somos nisso desgraçados,
» Benigno influxo sobre nós derrama,
» Que a nossa gratidão será constante.»
Abraça-o ternamente a Divindade;
Diz-lhe, que se console, que ella sempre
Nos seus olhos trazia a tão bons filhos.
A nobre comitiva dos Doutores
Entre os braços, a qual primeiro,
E quasi ao cólo na Berlinda a mette.
Logo montados pelas ruas tomão,
Que de mais povo são, sempre assistidas.
Huns de encarnado vão todos cobertos,
Altivos, soberbões comsigo assentão,
Que não ha no universo outras figuras
De mais contemplação, de mais respeito;
O vermelho durante ás bestas serve
De compridas gualdrapas; outros picão

O fogoso cavallo, quando passão
Pela porta de tal, ou tal senhora.
De preto muitos vão: porém os Frades
Vestem ao mesmo tempo muitas côres,
Branco com preto, azul com encarnado.
Se tu, ó grão Fidalgo de la Mancha,
Famoso Dom Quichote, esta aventura
Nos teus andantes dias encontrasses,
A' sem-par Dulcinéa, quantos d'estes
A render vassallagem mandarias?
Tu que não perdoaste aos pobres Padres
Conduzindo a cavallo, por ser longe,
Entre archotes, e vélas hum defunto,
Que os fizestes voar de susto e medo
Pelos campos e montes, que farias
A esta encamisada de Doutores?
Por gente feiticeira, e endiabrada,
Por máos encantadores os terias:
Como taes o furor de Rossinante,
Do elmo de Mambrino as influencias,
E o pesado lanção exp'rimentárão,
Musa, renova no teu vate o fogo
Que já fizeste arder na sabia mente,
Não digo de Despréaux, daquelle activo,

E discreto Diniz, na Hyssopaida;
Renova, em quanto acabo, que a perguiça
Da molle Estupidez já me accommette;
Já começo a sentir os seus effeitos.
Mas ah! que hum estro de repente agita
A minha fantazia. Eu vejo, eu vejo,
Da nossa Academia ao grande pateo
Chegar contente a numerosa tropa:
Em triumpho he levada a Deosa Augusta
A hum soberbo, e magestoso throno:
Gemem debaixo delle afferrolhados
A Sciencia, a Razão, o Desabuso.
Põem-se em socego os assistentes todos;
Levanta-se o Bustoque, e de joelhos
A' Deosa pede huma comprida venia:
Em barbaro latim começa ufano
A tecer friamente hum elogio
A' sua Protectora; e nelle mostra,
Quanto he indecente, que nas Aulas
Em Portuguez se falle, profanando
A sacra Theologia e as mais sciencias:
Que em fórma syllogistica se devem
Os argumentos pôr: sem syllogismo,
Não sabe como possa haver verdade.

Nisto mais d'hora gasta, e em fim conclúe
Animando a que sejão sempre firmes
Na fé que devem a tão alta Deosa.
Levanta-se depois o grão Pedroso,
Que de prima a Cadeira em Leis occupa.
Com a Béca estendida, a mão no peito,
Prostra-se em terra, a sua venia pede
A' molle Estupidez, que muito folga
De ver hum filho seu com tal presença,
Tão cheio de si mesmo, tão inchado.
Principia a fallar com voz de estalo;
Com a esquerda acciona, e co' a direita,
Que estende as mais dasvezes sobre o peito,
Sùa em mostrar a vã Genealogia
Da nobre Deosa, a quem louvar pertende.
A sua antiguidade patentêa,
Faz depois elogios nunca ouvidos
Ao Direito Romano, e no remate
Concorda em tudo com o seu Collega.
Vem depois o Reitor, jura por todos
Submissa obediencia, e lealdade,
Da molle Estupidez põe na cabeça
Huma importante c'roa cravejada
De finissimas pedras do Oriente.

As mãos lhe beija logo reverente,
E manda a todos, que outro tanto fação.
Os oradores vem: off'rece hum d'elles
A discreta oração *de sapientia*,
Que foi causa de ser tão cedo Lente.
O outro o mesmo faz da sua Analyse
Do parto septimestre, cousa prima.
Hum bando de rhetoricos rançosos
Depois acode; hum delles assim falla
[Parece que Bezerra se appellida]:
» Soberana Senhora, a vossas plantas
» Tendes rendida por vontade, e gosto,
» A porção principal do vosso Reino.
» As portas das sciencias nós guardamos:
» Porque sendo as palavras distinctivo,
» Que dos Brutos separa a especie humana,
» Eu creio que só nellas deve o homem
» Da vida despender os curtos dias.
» A mocidade pois assim levamos
» Nesta bella sciencia industriada.
» Quando a mesma palavra se repete
» Ou duas, ou trez vezes, lhe ensinamos
» O nome, que isto tem: quantas apostrofes
» Póde o exordio levar, sem ser notado,

» Nestas cousas, e n'outras similhantes
» De sorte os engolfamos: que suppresso
» Fica o gosto, se o tem, ás vãs sciencias,
» Que servem de cansar o esp'rito humano.
= « Oh bom filho, insisti nesse sistema,
» Que, por ser verdadeiro mais me agrada.»
Abraçando-o lhe diz a Divindade.
Vem atraz hum varão muito asseado,
Hum livro traz na mão mui douradinho:
» Oh deosa singular, a quem respeito,
» Esquecido da minha Fidalguia,
» Este Poema fiz, que Joanneida
» Por nome tem; humilde vo-lo off'reço,
» Dignai-vos acceitar a minha offerta.»
= « Oh meu Morgado, quanto sou contente
» Da tua offerta, vê-lo-has com o tempo;
» Aqui ao pé de mim quero te assentes.
» Para mostrar o quanto te venero.»
Assenta-o junto a si a Divindade.
Dos estudantes vem a turba immensa;
Um lh'offerece uma flor, outro um bichinho
Um ninho de pardal, um gafanhoto,
Da Historia Natural suados fructos.
Outro vem todo afflicto mil queixumes

Formando contra um tal, que lhe usurpára
A gloria de fazer já sette máchinas,
Que subírão ao ár com bom successo.
" Filhos amados, lhes replica a Deosa,
,, Esse vosso cuidado me consola;
,, Esse desvello de ajuntar cousinhas
,, Tão lindas, tão bonitas, bem recrêa
,, Huma alma como a vossa tão sensivel.
,, Prosegui nesse estudo, eu vos prometto
,, A minha protecção em toda a vida.,,
Ao queixoso assim diz: « Sinto deveras
,, Que tenhas essa causa de tristeza;
,, Mas olha um bom remedio: outras de no-
,, Faze, que lá irei mesmo em pessoa [vo
,, Assistir a fazer justiça inteira.,,
Os Doutores vem logo por seu turno
Vassalagem render, e vão passando.
A molle Estupidez brinca entretanto
Com os lindos anneis do bom Morgado,
Que afflicto não quizera ter tal honra,
Receando, que alli se descobrisse,
Que cabello não he, mas que lhe cobre
A luzidia calva, cabelleira:
Porque em menos não préza o ser bonito,

Do que Fidalgo ser, e ser Poeta.
Seguem-se finalmente os Lentes todos,
Que são alegremente recebidos.
Mas chegando o Frigozo, fica a Deosa
Assombrada de ver tal catadura,
Não menos carregada que a d'um touro,
Que sopra, e para traz a terra lança,
Quando para investir se ensaia irado.
Com immensa alegria rematada
A geral confissão de vassallagem:
» Em paz gozai [a Deosa assim profere],
» Da minha protecção, do meu amparo,
„ Eu gostosa vos lanço a minha benção;
„ Continuai, como sois, a ser bons filhos,
„ Que a mesma, que hoje sou, hei de ser [sempre.

FIM.

www.ingramcontent.com/pod-product-compliance
Ingram Content Group UK Ltd.
Pitfield, Milton Keynes, MK11 3LW, UK
UKHW021932190726
13853UKWH00004B/1402
9 783226 035940